EmmeEmmePo Edizioni

Roberto Sbrana

QUELLO CHE NON HO
(ma che potrei riavere)

Il Cambiamento Sociale in Italia

EmmeEmmePo Edizioni

DATO IN STAMPA NEL MESE DI SETTEMBRE DELL'ANNO 2020
da EmmeEmmePo Edizioni

Presso: lulu.com
Regno Unito - 3101 Hillsborough St.
Raleigh, NC 27606-5436, Stati Uniti – P.I. 975 0935 85
Francia – Chez Fiscal Solutions Sarl 23
Rue du Clos d'Orleans 94 120
Fontenay sous Bois – P.I. FR90524670213
Italia – Lulu Enterprises, Inc.
Fiscalmente rappresentata conformemente all'art.17 comma 3
DPR 633/72 da KPMG Fides Servizi di Amministrazione Spa,
Via Vittor Pisani, 27 – 20124 Milano – P. I. IT07301070962
http://www.lulu.com/spotlight/EmmeEmmePo

978-1-71679-286-1
Marchio editoriale: Lulu.com

INDICE

<u>"Quello che non ho, ma che potrei riavere"</u>

Perché questo titolo?

Il titolo del presente scritto è tratto da una delle più belle canzoni del grande Faber, Fabrizio De Andrè, ligure prematuramente scomparso e mai ricordato a sufficienza.

Un Poeta di grande spessore artistico: chi di noi non ricorda la frase: "Dai diamanti non nasce niente, dal letame nascono i fior"?

Un'anima sicuramente tormentata, ma anche piena di speranza in un mondo nuovo, meno buio, più bello da vivere dell'attuale.

Prima di dare uno scritto alle stampe, però, è necessario trovare un titolo ed abbiamo pensato a Faber, perché anche lui a modo suo, con la musica, si è trovato a fare i conti con la riflessione di ciò che manca per essere felici.

Per lo meno dal punto di vista sociale e collettivo.

Non stiamo attraversando un bel periodo storico: sono sicuramente più le ombre delle luci a livello sociale. Tanto individualismo, tanta apatia, tanta delega ad altri, cinismo diffuso. Ed abbiamo perso per strada valori fondamentali quali la partecipazione attiva alla cosa pubblica e la solidarietà.

Forse, più facile accorgersene per chi, come chi scrive, ha avuto la fortuna di vivere altri periodi più luminosi.

Ma non tutto è perduto: qualche piccola luce si comincia ad intravvedere, nel buio.

"Ebbene si: ho nostalgia del passato"

Così, quasi senza accorgercene, siamo arrivati all'anno 2020. L'Italia fa parte dell'Unione Europea, la Gran Bretagna ha scelto di uscirne, la Turchia vorrebbe entrarci, ma trova difficoltà.

Non ci sono più le mezze stagioni: d'inverno, nevica in Sicilia e sulle Dolomiti, invece della neve c'è l'erba.

Da noi, lo scorso anno, la natalità è giunta all'1,2 per ogni coppia: ciò significa che ogni 1.000 coppie, composte da 2.000 persone, nascono (in media) 1.200 figli, con un calo demografico netto di 800 persone. Con questo ritmo, siamo destinati all'estinzione come la Foca Monaca di Cala Gonone in Sardegna.

I motivi sono molti, ma con certezza la fotografia dell'ISTAT è questa.

Cosa sta succedendo? Cos'è successo? Come si possono (se si possono) contrastare questi cambiamenti sociali? Se poi non si potesse, proviamo insieme almeno a capirli, a farcene una ragione, a non farci cogliere impreparati.

Sui cambiamenti climatici, il più potente uomo del Pianeta, tal Donald Trump (di cui invidio i capelli ed in particolar modo il ciuffo) attuale Presidente degli Stati Uniti d'America, ha una sua (pericolosissima) opinione: il cambiamento climatico è una "bufala", una colossale menzogna messa in giro dai nemici degli USA. Incredibile, ma è così: da un lato la Scienza, dall'altro lato la politica (con la p minuscola). Nel mezzo, noi, addormentati, tendenzialmente menefreghisti, non più capaci di reagire.

Questi, ed altri mille fatti, compongono il Cambiamento Sociale. Un processo di cui con difficoltà ci si rende conto, perché è lento, progressivo, viene da lontano, non si sa dove ci porta, ma inesorabilmente incide ed inciderà nella nostra vita, in quella dei nostri figli, dei nostri nipoti e pronipoti. Se non lo gestiamo noi, sarà lui a gestire noi. Come sempre.

Allora, dobbiamo fermarci a riflettere, guardandoci indietro e cercando una via d'uscita. Per salvarci. In caso contrario, non avrà senso lamentarci.

Ebbene, si: ho nostalgia del passato.

Ed una grande speranza che le cose cambino.

Ho nostalgia del passato vivace, dove le persone erano attive, partecipavano al cambiamento sociale, anzi: lo scrivevano, con i loro movimenti partecipativi, con le loro lotte. Del passato in cui il rapporto tra la gente ed i partiti politici era forte e non sfilacciato come ora, del passato dove i cittadini obbligavano il Parlamento a fare le leggi di cui avevano necessità, di quel passato dove la percentuale di votanti alle elezioni, di qualunque genere, amministrative, politiche o europee, era elevatissima, e non, come ora, al di sotto del 50 per cento, dove erano i cittadini a trainare la nostra classe politica e non, come ora, a subirla.

Non credo proprio ci sia nulla di cui vergognarsi, di questo tipo di nostalgia.

E non credo neppure sia frutto del caso: se le cose sono andate così, se la gente se ne frega di quasi tutto ed ha smesso di essere parte attiva al cambiamento sociale, non è dovuto al caso. Il nostro Paese non è stato infettato da un virus venuto da Marte.

Si può parlare del tempo presente e fare un confronto con il tempo passato senza essere tacciati di tradizionalismo?

Si può mettere in evidenza ciò che non va del tempo presente, senza per questo parlarne in termini totalmente negativi, ma vedendo nel contempo con chiarezza i termini positivi e gli enormi passi in avanti?

Si può, finalmente, non essere assolutisti e decidere una buona volta per tutte che "tra il nero ed il bianco ci sono infinite gradazioni di grigio"?

Il ventesimo secolo

Non si spaventi troppo il lettore: non la farò tanto lunga, però un minimo inquadramento storico-sociologico credo vada fatto. A spanne, ma va fatto.

Del secolo scorso, personalmente, so poco, anche perché a scuola si affrontava tale periodo, durante la lezione di Storia, alla fine dell'anno scolastico e non si faceva quasi mai in tempo ad approfondirlo.

Due Guerre Mondiali, il passaggio in Italia dal modello sociale agricolo a quello industriale, una rivoluzione culturale di proporzioni gigantesche: l'avvento dei macchinari per produrre cose, la nascita del concetto di mobilità sociale, trainata dai mezzi di trasporto che permettevano alla gente di spostarsi da un luogo all'altro.

L'entrata in scena dell'automobile, dapprima elitaria, poi di massa.

Mi è capitato di venire al mondo proprio a metà del secolo scorso, nel 1950. Non ho, quindi, sofferto i bombardamenti ed ho attraversato tutti questi cambiamenti.

So di essere involontariamente un privilegiato: ho vissuto l'adolescenza godendo del bello, senza aver sofferto del brutto.

Quando poi è esploso il 1968, avevo l'età giusta per capire cosa stava succedendo: la gente era vivace, specie i giovani, chiedeva cambiamenti, partecipava, manifestava. In quasi tutto il mondo occidentale ed anche in Italia. Con lo scopo di chiedere riforme importanti, quali il nuovo diritto di famiglia, divorzio compreso, lo statuto dei lavoratori, la cosiddetta "scala mobile" dei salari per non vedersi erodere dal tasso d'inflazione il loro potere d'acquisto, la legge sull'interruzione di gravidanza, la chiusura dei manicomi, la riforma dell'ordinamento penitenziario, la nuova riforma sanitaria ed altre.

I giovani chiedevano con forza una riforma della scuola, più vicina alle loro necessità, talora con metodi forti quali occupazioni di Istituti ed autogestione.

Un gran fermento sociale, con una particolare attenzione a quella che veniva chiamata "controinformazione" a livello di mezzi di comunicazione di massa, spesso di parte e faziosi: erano i tempi del volantinaggio: risme e risme di carta stampata su ciclostili prevalentemente ad alcool (che s'inceppavano spessissimo), fogli distribuiti un po' ovunque, all'uscita degli operai e degli impiegati dalle fabbriche, all'uscita degli studenti dalle scuole. Tutti prendevano i volantini offerti loro dai militanti. Nessuno li buttava via. Alcuni leggevano sul posto, prendendosi il tempo per farlo, altri lo riponevano in tasca, ripromettendosi di leggerli successivamente. Nessuno li rifiutava o buttava subito nei bidoni della spazzatura. Alcuni, addirittura, ringraziavano.

Nelle sedi di partito o nelle associazioni proponenti non c'era da tribolare per decidere chi scriveva il testo del volantino e chi andava a distribuirlo: tutti facevano tutto, con entusiasmo e partecipazione attiva. Ogni partecipante di associazioni o partiti, terminati i propri impegni di studio o di lavoro raggiungeva nella propria sede gli amici o i compagni e passava gran tempo con loro. Stare assieme veniva chiamato "socializzare", parlarsi di persona, magari di questioni condivise e decidere come affrontare gli eventuali problemi insieme agli altri, anche perché quasi mai i problemi erano di uno solo, ma di quasi tutti.

La solitudine e la noia praticamente non esistevano e si aveva la sensazione di essere vivi.

Poi, c'erano i momenti delle manifestazioni per le strade di paesi e città, con la gente che partecipava a proprio modo, chi a bordo strada, chi dai balconi o dalle finestre e si creava un rapporto ed una relazione tra attivisti e resto del mondo. I cretini che facevano gesti violenti o fuori luogo sopra le righe, c'erano anche allora, ma innanzitutto erano una piccola minoranza e secondariamente se la dovevano vedere con il "Servizio d'Ordine" interno al movimento.

Giorgio Gaber cantava "La libertà non è star sopra a un albero; non è neanche il volo di un moscone; la libertà non è uno spazio libero: libertà è partecipazione."

Non essendoci né solitudine, né noia, le droghe non esercitavano alcun fascino: sarebbero arrivate più avanti.

Furono quelli anni esaltanti. Di grande partecipazione attiva in prima persona. La gente non era narcotizzata dalle Soap Opera televisive. Ragionava, rifletteva e poi agiva, chiedendo riforme in ogni direzione.

Furono gli anni propedeutici al più grande cambiamento sociale nel nostro Paese: Furono, quelli, anni importantissimi, perché videro la nascita di cambiamenti sociali epocali. Per dare un'idea di cosa siano stati gli anni '70, anche dal punto di vista legislativo, basterà ricordare la Legge sul Divorzio (n° 898/70), la Legge n° 151/75 Riforma del Diritto di Famiglia, la Legge sull'Ordinamento Penitenziario (n° 354/75), la Legge sulle Droghe (n° 685/75), la Legge sull'Interruzione della Gravidanza (n° 194/78), la Legge sull'abolizione dei Manicomi (n° 180/78), la Legge di Riforma Sanitaria (n° 833/78), ed altre di minor impatto sociale.

Quale altro periodo tanto fertile, dopo? Mi rispondo da solo, senza tema di smentite: nessuno.

Ma cos'è successo? Come mai abbiamo smesso tutti quanti di partecipare attivamente alle scelte, come mai abbiamo iniziato a delegare, defilandoci dal dibattito sul contesto sociale?

Ognuno risponda come crede alla precedente domanda.

A me interessa solo che chi sta leggendo questo scritto, la domanda se la faccia e poi, come dice Gigi Marzullo, si dia magari anche la sua risposta.

Siccome il nostro è un Paese Democratico, nel 1947 si è dato una Costituzione, universalmente ritenuta bellissima: prevede molte cose, in un quadro di Repubblica, ed organizza il livello legislativo, prevedendo un Parlamento bicamerale, Camera e Senato, con un sistema elettivo rappresentato da Partiti Politici.

Eravamo appena usciti dalla Seconda Guerra Mondiale e, in mezzo alle macerie delle bombe, rialzammo la testa, tutti assieme, e (dopo meno di tre lustri) ci trovammo in pieno boom economico.

Se penso che tre lustri fa eravamo nel 2005, mi sembra impossibile: quanta poca strada abbiamo fatto oggi, rispetto all'enorme marcia del dopoguerra.

In Parlamento, c'erano i Partiti. Alcuni, ovviamente, governavano e gli altri stavano all'opposizione.

Tutto sommato, erano veramente pochi: la Democrazia Cristiana, il Partito Comunista e pochi altri, di minor importanza e rappresentatività. Gli Italiani cercavano di farsi andare bene o l'uno o l'altro. Sicuramente trovando qualche limite in entrambi, ma si accontentavano.

Anche a livello di rappresentanza sindacale, le cose erano quasi identiche: CGIL, CISL e UIL. Punto e basta.

Poi, è entrata in gioco <u>la Frammentazione</u>: non siamo più riusciti a vedere le cose nel loro complesso ed abbiamo dato vita ad un numero incredibile di partitini, alcuni dei quali durati magari una stagione, dai nomi improbabili, sia a destra come a sinistra e le sigle sindacali sono diventate decine e decine.

Questo processo di frammentazione ha riguardato altri campi, non solo la politica. Pensiamo al mondo dell'Arte: oggi è raro trovare un pittore o uno scultore che si riconosca in una Scuola. Fa fatica. Sino ad arrivare ad essere ognuno una Scuola, mille, centomila scuole.

Come nella musica: esisteva il genere melodico, il rock and roll, ed il liscio. Poco di più. Oggi esistono infiniti generi musicali, molti dei quali sconosciuti ai più.

In buona sostanza, abbiamo frammentato qualunque cosa. Forse, anche le nostre coscienze. Il lettore, se vuole, si chieda: quante morali esistono?

La frammentazione è figlia dell'individualismo e della chiusura agli altri: apparentemente può essere scambiata per libertà di pensiero, ma in realtà è un'incapacità di cercare e di trovare ciò che ci unisce, e si fonda su ciò che ci divide.

Nel mondo della politica siamo stati costretti ad introdurre, in qualunque metodo elettivo, sia esso proporzionale, semi proporzionale misto o maggioritario, la famosa Soglia di Sbarramento, per provare a rendere più gestibili gli schieramenti: se non raggiungi una determinata Soglia, che so … del 4 o dl 5%, non eleggi proprio nessuno ed il tuo voto se lo dividono i gruppi più grandi, senza che tu li abbia votati.

In tale quadro, anche le storiche divisioni tra "destra" e "sinistra" sono andate progressivamente a perdere significato ed oggi si fatica ad utilizzarle. Abbiamo profondamente modificato il nostro modo di essere, perdendo, spesso identità e riconoscimento: la "destra" di una volta, forse alla ricerca di consenso, ha fatto proprie battaglie della "sinistra" e quest'ultima ha fatto altrettanto, allungandosi per così dire nel territorio della "destra".

Quando, nel 2006. Il Segretario Nazionale dei Democratici di Sinistra, Piero Fassino, intercettato, disse al Manager della "rossa" Unipol Giovanni Consorte: "Allora, finalmente abbiamo una Banca!", telefonata passata alla Storia, sanciva ciò su cui stiamo riflettendo.

Le appartenenze ideali del partito storico dei lavoratori si erano spinte nel territorio altrui, ed i Valori si erano mescolati con gli interessi.

Anche dal punto di vista linguistico è avvenuta questa contaminazione: provate a sintonizzarvi con la radio ad una qualunque trasmissione in diretta dei lavori parlamentari e provate a capire di quale schieramento fa parte il deputato o il senatore che sta parlando, se non ha un cognome famoso. Sono certo non indovinerete quasi mai.

E poi ci domandiamo come mai la gente non si riconosce più nei partiti …. Sono i partiti a non farsi riconoscere più dalla gente. Tutto qua.

Il Cambiamento nella Comunicazione

Nel secolo scorso c'erano i giornali, i libri, le lettere dentro la nostra Cassetta Postale.

Quando una persona voleva sapere cos'era successo nel mondo, ma anche nella propria realtà territoriale, andava all'Edicola e si comprava il giornale, lo leggeva, s'informava, magari addirittura confondendo la realtà reale dei fatti, con l'articolo scritto dal giornalista alle dipendenze della testata giornalistica. E, per non farsi manipolare dalla realtà raccontata doveva comprare più di un giornale, con orientamenti e visioni del mondo e della realtà diversi, in modo da farsi un'idea propria e personale.

Era l'individuo a decidere di andare in Edicola e l'edicolante, previo piccolo esborso di denaro, rappresentato dal prezzo del giornale, esaudiva la richiesta e tornavamo a casa o al lavoro con il foglio scritto sotto il braccio.

Stesso discorso e stessa trafila con i libri, anch'essi carta stampata. L'unica differenza era rappresentata dal luogo dell'acquisto, la libreria e non l'edicola, ma la volontà di procurarsi lo scritto era la medesima, come pure la ricerca del luogo/libreria in grado di soddisfare la nostra richiesta.

Era l'individuo a decidere di andare in Libreria.

Quando poi desideravamo metterci in contatto con qualcuno, gli scrivevamo una lettera su di un foglio, ci procuravamo una busta ed un francobollo dal tabacchino e, con l'indirizzo davanti ed il mittente di dietro perché non andasse perduta in caso d'indirizzo sbagliato, la infilavamo in una cassetta delle lettere, prevalentemente di colore rosso ed affidavamo al Servizio Postale la nostra lettera, con buone probabilità di recapito.

Anche nel caso delle lettere, il ruolo dell'individuo era attivo, fatto d'intenzione, volontà, piccolo impegno.

Oggi, giornali, libri e lettere sono profondamente cambiati: i primi due sono in grande crisi, molte testate giornalistiche han dovuto chiudere per carenza di lettori, ed altre è prevedibile chiuderanno a breve se non s'interromperà il trend, le ultime (le lettere) non le troviamo più nella nostra cassetta, ma dentro il nostro computer e si chiamano e-mail.

E' piombata sulle nostre vite l'Era Digitale ed abbiamo dovuto farci i conti tutti quanti.

La digitalizzazione è stata la più grande rivoluzione dal dopoguerra ed il mondo tutto ha vissuto un'accelerazione, dal punto di vista del cambiamento sociale, veramente notevole.

Secondo noi, ha senso raccontare ai cosiddetti 'nativi digitali', cioè ai giovani di oggi, come andavano le cose in precedenza, nell'intento di mettere in luce gli aspetti indubbiamente positivi di oggi, e nel contempo, le ricadute sulle nostre vite degli elementi di criticità del Sistema: noi oggi viviamo meglio di ieri, ma questo miglioramento ha avuto un costo importante dal punto di vista sociologico e delle relazioni umane.

Fermiamoci un attimo a riflettere.

Già l'avvento della televisione ha radicalmente mutato le relazioni interpersonali: non era più necessario parlarci tra di noi, in casa, in famiglia, tra amici, ma era sufficiente guardare ed ascoltare la tivù.

Da un atteggiamento attivo, di rapporto e relazione con gli altri, siamo passati ad un atteggiamento passivo.

Il rapido proliferare di emittenti ha raggiunto tutti i nostri gusti di passività ed il telecomando è diventato l'unico gesto attivo dei nostri comportamenti. Il processo d'isolamento e d'individualismo ha avuto inizio.

Lo hanno ben avuto chiaro da subito i cosiddetti 'persuasori occulti delle nostre idee', orientando i nostri gusti, costruendo notizie, manipolando l'informazione, fino ad arrivare a forgiare le nostre opinioni in modo occulto, senza, cioè, che ce ne accorgessimo. E noi, passivamente, siamo stati al gioco. Chi storcesse il naso per le affermazioni che precedono, faccia (se vuole) il seguente banale test: un delle prossime sere, accenda un telegiornale a caso su qualunque emittente e focalizzi l'attenzione su di uno degli avvenimenti raccontati dal giornalista di turno. E prenda appunti sui contenuti trasmessi, sulla sequenza del fatto, sugli ingredienti giornalistici del pezzo. Poi, cambi canale e segua un altro telegiornale: probabilmente la notizia su cui abbiamo centrato la nostra attenzione verrà descritta anche da quest'altra emittente. Faccia la stessa cosa di cui sopra e vada avanti così per quattro o cinque telegiornali. Al termine del test, confronti i quattro o cinque appunti presi e li confronti: si accorgerà delle differenze, alcune delle quali discretamente macroscopiche.

La realtà raccontata non è quella vera: la realtà vera non può esistere quando viene raccontata. Subisce un'infinità di filtri, alcuni dei quali neppure voluti, mentre altri sono proprio voluti allo scopo di orientare il pensiero delle masse. Si chiama manipolazione dell'informazione.

Possiamo difenderci? In parte sì. Del tutto no.

Il primo piccolo modo per difenderci è sapere ed essere certi di come stanno le cose ed avvicinarci ai fatti con il beneficio del dubbio.

Il secondo modo è adottare il pensiero fluido in luogo del pensiero rigido: "Sembrerebbe così, ma potrebbe essere anche in un altro modo …"

Le certezze sono rassicuranti, ma rischiano di farci perdere per la strada elementi importanti. I dubbi allargano la mente, anche se ci fanno venire l'ansia.

Il terzo modo è raccogliere più visioni dei fatti differenti tra loro e provare a farsi la propria visione, anche se in questo terzo modo la modalità passiva di apprendimento è già messa in crisi da una modalità leggermente attiva e, quindi, difficile da attuarsi, per come siamo ridotti.

Questa operazione di manipolazione dei fatti viene da lontano e non riguarda, ovviamente, solo i giornalisti, ma anche gli editori delle testate ed i relativi proprietari, i quali spesso hanno gioco facile grazie all'addormentamento pressoché generale di noi fruitori passivi.

Ma la manipolazione delle coscienze non si limita a giornali e telegiornali: riguarda gran parte dei prodotti televisivi, dalle soap opera agli approfondimenti pseudo culturali.

Nulla è neutro o asettico.

Nelle soap opera assistiamo a vite che non sono le nostre, a dialoghi spesso surreali, a spaccati di relazioni tra i protagonisti che fanno rabbrividire, tanto son pieni di sciocchezze, luoghi comuni, banalità. I nostri meccanismi identificativi, poi, fanno il resto, senza spesso neppure accorgercene. In buona sostanza, modelliamo la nostra vita su quella di altri, con cui non avremmo nulla da spartire, se solo non fossimo narcotizzati dalla nostra fruizione passiva.

Pensiamo di essere persone libere ed invece siamo manipolati.

Veniamo ora alla Rivoluzione Digitale.

Solo una persona in malafede può parlare in termini negativi della Rivoluzione Digitale: la più grande "scoperta" del secolo scorso.

Negli ultimi anni la tecnologia ha occupato sempre più spazi nella nostra vita. Si è arrivati alla creazione di un mondo virtuale, di nuovi linguaggi, a un nuovo modo di vivere e ad una nuova era che coinvolge proprio tutti.

In poco tempo Internet è diventato uno strumento diffuso ovunque, ad iniziare dai luoghi di lavoro per finire nelle abitazioni di miliardi di persone, in forte crescita, come risulta dalle ultime indagini: quotidianamente consultano la posta elettronica studenti, giovani e meno giovani, professionisti, consumatori finali, ricercano continuamente informazioni sulla Rete ed entrano a far parte di *"comunità virtuali"*.

 Stiamo parlando della globalizzazione.

I confini tra Paesi (a livello di comunicazione) si sono dissolti e, in buona sostanza, viviamo tutti nello stesso mondo, con le sue enormi differenze, ma totalmente collegato.

Le persone si affacciano al nuovo mondo, leggono quotidiani, scaricano libri elettronici, acquistano beni e servizi on-line, e perfino la formazione sta passando attraverso il Web diventando *e-learning*.

I luoghi del nostro vivere quotidiano diventano sempre più "virtuali" e ci offrono i loro tradizionali servizi anche via computer, comprimendo sempre più i tempi: ci troviamo a leggere o a sentire parlare di Internet ovunque, aprendo un quotidiano o un settimanale difficilmente non si trova un articolo o una nota al riguardo, e se un'azienda non è presente on-line è come se non esistesse e rischia di essere tagliata fuori dal mercato.

È nato un nuovo modo di fare informazione.

Ma per capire il fenomeno Internet si deve avere una visione globale di tutti gli aspetti dell'informazione: è cambiato il mondo intorno a noi, tanto che mai nella storia abbiamo assistito ad una così radicale e profonda trasformazione.

Il settore delle telecomunicazioni si è trasformato, riducendo o annullando le distanze ed i tradizionali *personal computers* vengono sostituiti sempre più dai *network computers*.

La grande Rete non solo sta rivoluzionando la vita di tutti i giorni, ma ha anche modificato molti altri aspetti della realtà che ci circonda, introducendo nuove tecnologie e nuove forme di comunicazione. Nuovi termini prima sconosciuti stanno entrando a far parte del nostro vocabolario, tra i quali non possiamo non ricordare quello di *"digitale"* impiegato ormai in tutti i settori ed aspetti del nostro vivere. Questo intero processo di trasformazione viene spesso indicato con il termine di *"rivoluzione digitale"* o importando la terminologia inglese *"digital revolution"*, una rivoluzione con caratteristiche e connotati diversi dalle altre, interessando non solo l'aspetto tecnologico, ma portando con sé conseguenze culturali, sociali, politiche ed economiche di immenso rilievo.

La rivoluzione digitale talora promette di cambiare il funzionamento globale della società e la vita degli individui, cercando di migliorare sempre più tutti gli aspetti connessi: nello stesso tempo stimola paure, perplessità e altrettante problematiche.

Capire a fondo la portata di una simile rivoluzione è alquanto difficile, soprattutto in una fase come questa in cui le generazioni si trovano in situazioni differenti: i più giovani, i cosiddetti "nativi digitali" la vivono con estrema naturalezza, i più anziani, con difficoltà e fatica, ma senza possibilità alcuna di fare a meno di internet, pena l'esser tagliati fuori dal cambiamento.

Affinché il processo in corso ci possa rendere partecipi e protagonisti, bisogna capire ed affrontare i concetti chiave, indagare su termini che sentiamo ogni giorno ma di cui forse non riusciamo a comprenderne il vero significato. Molte volte un uso scorretto di alcuni termini può portare ancor di più a confondere le idee e rischia di farci rimanere al di fuori dei nuovi sviluppi tecnologici.

Sicuramente Internet e le nuove tecnologie rappresentano un fenomeno ed un servizio difficile da far capire in tutti i suoi aspetti, ma è anche vero che nessuna persona può permettersi di ignorarlo.

La Televisione

Nel nostro Paese, le trasmissioni televisive sono iniziate non molto tempo fa: da solo 60 anni.

Le famiglie che possedevano un apparecchio televisivo in casa propria erano pochissime e, quindi, chi voleva e poteva, dopo cena andava al Bar del paese e seguiva i Programmi: un unico canale Rai e rigorosamente in bianco e nero.

Poi, in rapida successione, hanno fatto ingresso numerosi canali, il colore, l'apertura alle Reti Private, la possibilità di seguire trasmissioni da altre Nazioni. E da poche ore al giorno di trasmissione, siamo passati a 24 ore su 24, 365 giorni all'anno: a qualunque ora del giorno e della notte, basta prendere il telecomando, piazzarsi davanti al monitor e guardare quel che va in onda.

Un cambiamento di abitudini di vita a dir poco epocale.

Oggi, molti di noi hanno apparecchi televisivi in ogni stanza di casa (bagno escluso, forse) e non è raro che i genitori stiano mollemente spaparanzati nei divani di sala ed i figli nella loro cameretta. Programmi differenziati a seconda dei gusti e degli interessi. Infine, con le Smart TV si può scegliere qualunque cosa in Wi-Fi trasmessa sulla Rete da qualunque parte del mondo e vederla tranquillamente nel Televisore a Led da 60 pollici. Magari, anche con le cuffie nelle orecchie.

Fine del dialogo in famiglia.

Chi educa i nostri figli? Bonolis?

Spesso ci domandiamo da dove viene la solitudine delle nuove generazioni, come mai i nostri giovani sembrano così spenti e non partecipativi, che fine han fatto i grandi valori quali la solidarietà, la partecipazione alle proprie ed altrui difficoltà del crescere, il senso di smarrimento talora diffuso. E potremmo andare avanti a lungo nel raccontare ciò che manca a molti nostri giovani.

Ma non sono solo le nuove generazioni ad essere poco soddisfatte: siamo, secondo me, anche noi adulti, spesso passivi e non più tanto combattivi.

Un padre ed una madre senza interessi, stanchi morti da attività lavorative con lo scopo di arrivare a fine mese per sbarcare il lunario, narcotizzati dalle soap opera, talora deleganti ad altri precipui loro compiti, quali l'educazione, la trasmissione dei valori, la critica ai dilaganti luoghi comuni circolanti, la resistenza alle semplificazioni delle realtà complesse, cosa fanno?

Tirano a campare.

Ma i nostri figli quando nascono sono delle lavagne vuote: o siamo noi genitori a scriverci qualcosa per cui valga la pena vivere, o saranno altri a farlo. La televisione fra questi.

Fermiamoci un attimo a riflettere: da quanto tempo non vediamo un giovane, diciamo dai 15 ai 40 anni (dato l'allungamento dell'età adolescenziale forzata) con un giornale di carta stampata in mano, mentre lo legge?

I giornali sono nel Web, nel computer, nel tablet, nello smartphone, per le nuove generazioni.

Ammesso che abbia senso, domandiamoci se potrebbe essere altrimenti.

No, non potrebbe.

Equivarrebbe a pensare di poter fermare il cambiamento sociale.

Fermare no, ma gestire si.

E allora, attrezziamoci per gestirlo.

In che modo? Prima di tutto, svegliandoci noi adulti, riprendendo la partecipazione attiva ai cambiamenti sociali, uscendo dalle nostre confortevoli case, coltivando e riscoprendo le nostre antiche passioni, qualunque esse siano, rimettendoci nuovamente collegati gli uni con gli altri.

I giornali di carta hanno un fascino diverso dalla lettura sul Web: hanno due sensi in più coinvolti nella lettura. Il senso del tatto, nello sfogliarlo ed anche l'olfatto perché la carta stampata ha un odore.

È lo stesso discorso dei libri.

Spero sia sempre possibile scegliere in futuro tra Web e stampa.

Sono cose diverse e non alternative una all'altra.

<u>Quelli che…</u>

1. Quelli che, dopo aver pagato un biglietto di 70 euro, vanno ad un Concerto e fanno il filmino con il cellulare, invece di godersi lo spettacolo

2. Quelli che camminano per la strada, guardando il telefono e rischiando di calpestare cose sgradevoli, per terra.

3. Quelli che camminano per la strada e sembra che parlino da soli, invece stanno facendo una telefonata con il wireless.

4. Quelli che camminano per la strada in coppia e ascoltano in contemporanea musica da un unico cellulare, con due cuffie collegate.

5. Quelli che vanno a cena con gli amici e, poi, ognuno guarda il proprio telefono e nessuno si parla.

6. Quelli che si fanno i selfie (alcuni con il "selfie stick")

7. Quelli che vanno su Google a vedere la data di nascita di Fred Bongusto.

8. Quelli che si ritengono liberi perché decidono loro cosa fare con il cellulare

9. Quelli che "L'ha detto la TV".

10. Quelli che non sopportano di essere descritti.

Le incertezze

Sgomberiamo subito il campo da un possibile equivoco o fraintendimento: l'incertezza non ha nulla a che fare con il dubbio.

Il dubbio, a parere di chi scrive, è un enorme valore, da coltivare se lo abbiamo sempre avuto più o meno dalla nascita, da cercare di far nascere dentro di noi se ne siamo nati privi.

Il dubbio ha origine dentro di noi, siamo noi ad attivarlo, quando qualcosa non ci convince del tutto. È fattore di riflessione. È elemento fondamentale che ci permette di raggiungere possibili certezza: non porsi dubbi ci espone ad abbagli, a clamorose cantonate sul fronte delle opinioni e, purtroppo anche sul fronte delle decisioni operative. Domandarsi, al mattino, prima di uscire di casa, se pioverà o meno durante il giorno, ci permette di portarci dietro un ombrello. Se non ci poniamo il dubbio, non lo portiamo e se pioverà, ci bagneremo.

Il dubbio, naturalmente, richiede riflessione ed in questi tempi bui, spesso, la riflessione è una specie di "lusso" che siamo restii a concederci. Il ritmo frenetico di vita ci induce a cercare scorciatoie di pensiero, semplificazioni rapide sia teoriche che pratiche. Molti di noi decidono "con la pancia".

E talora se ne fanno anche un vanto: con tutto il rispetto che la pancia merita, non credo, personalmente, sia questo il suo uso. La pancia serve al processo digestivo del cibo, sicuramente fondamentale, ma diverso dal processo decisionale. Quest'ultimo è bene parta dal cervello, attraverso riflessioni, conoscenze e legittimi dubbi. I dubbi sono una risorsa dell'individuo.

L'incertezza arriva dall'esterno e spesso ci impedisce di fare progetti, di disegnare la nostra personale (e collettiva) esistenza.

In uno Stato Civile, quale in nostro, sono le leggi a regolare i comportamenti: giusto e sbagliato, lecito ed illecito, possibile ed impossibile. I tempi ed i modi della nostra vita sono regolati dalle Leggi. Nel passato, queste, erano discretamente stabili, definite ed avevano una durata discretamente prevedibile che ci permetteva d'immaginare e di disegnare il nostro futuro: oggi non è più così. Quel che è proibito oggi, può tranquillamente essere lecito domattina, a tutti i livelli.

Prendiamo, ad esempio, il diritto al pensionamento: nel passato, quando uno di noi iniziava a lavorare, sapeva (con buona approssimazione) quando avrebbe maturato il diritto alla quiescenza e poteva fare i suoi programmi di vita. Oggi non è più così.

Mentre scrivo, la famosa "Quota 100" è Legge dello Stato, applicabilissima ed ampiamente applicata. Ma quando questo scritto sarà pubblicato, cosa sarà di "Quota 100"? Qualcuno può dirlo? No. Nessuno può dirlo. Ma se io ho i requisiti per accedere domani e non oggi, e domani la legge non c'è più, in che modo posso programmare la mia vita?

Questa è incertezza pura.

E vivere nell'incertezza fa male alla salute.

Non permette di programmarsi la vita, taglia le gambe alla speranza, motore dell'esistenza di ognuno di noi.

A questo punto, vengo assalito da un dubbio: il mio è un inno alla staticità legislativa, a lasciare le norme e le leggi ferme immobili nel tempo? No. Assolutamente no. In un mondo mutevole quale il nostro, è opportuno siano mutevoli anche le leggi. Non a questo ritmo, però!

Esistono le vie di mezzo: tra lo star fermi ed il correre, la via di mezzo è muoversi.

Muoversi dopo aver riflettuto molto sulle conseguenze dei movimenti.

Chi si muove troppo in fretta, delle due, una: o non ha pensato molto o non si pone la domanda delle conseguenze dell'incertezza legislativa. O entrambe. Tutto qua.

Ho molti amici che non sono in grado di prevedere il loro futuro, a causa di queste incertezze. E non va bene.

Abbiamo proposto una riflessione su "Quota 100", ma avremmo potuto farlo su moltissime altre situazioni incerte.

Prendiamo la questione climatica: è una bufala o una catastrofe immane? Finiremo tutti sott'acqua? Greta Thumberg è una Profeta o una ragazzina fuori di testa?

Se le enormi masse di ghiaccio del Polo Nord e del Polo Sud si stanno sciogliendo è colpa degli abitanti del Pianeta Terra oppure noi non c'entriamo nulla ed è una normale fase della Natura? Qualunque sia la causa, siamo ancora in tempo oppure ormai la frittata è fatta?

Solo pochi di noi hanno certezze su argomenti come questo. La stragrande maggioranza di noi vive nell'incertezza.

Prendiamo ora una questione economico-finanziaria: se è vero (e lo è) che 26, dicasi ventisei, persone nel mondo posseggono le ricchezze di 3,8 miliardi di persone (ce lo dice il Rapporto Oxfam del 2020), la questione ci riguarda, oppure no? Potrà avere delle conseguenze? Non si sa.

A dieci anni dall'inizio della crisi finanziaria i miliardari sono più ricchi che mai e la ricchezza è sempre più concentrata in poche mani. L'anno scorso soltanto 26 individui possedevano la ricchezza di 3,8 miliardi di persone, la metà più povera della popolazione mondiale. Nel 2017 queste fortune erano concentrate nelle mani di 46 individui e nel 2016 nelle tasche di 61 miliardari. Il trend è netto e sembra inarrestabile. Una situazione che tocca soltanto i paesi in via di sviluppo? No, perché anche in Italia la tendenza all'aumento della concentrazione delle ricchezze è chiara.

Il processo descritto sopra è arrestabile? Non si sa.

Accenniamo ora alla questione Demografica: abbiamo oltrepassato i sette miliardi di abitanti sulla Terra. Il trend è in crescita, a livello mondiale.

Ma fino a quanti abitanti arriveremo? C'è posto per tutti oppure dovremo, in qualche modo, fermarci? "In qualche modo", poi, cosa significa? In quale modo?

Ha senso dire "Il problema non ci riguarda, perché in Italia il trend è inverso, e siamo sempre meno"? Direi di no.

Ci fermiamo qui ad elencare incertezze, ma ne esistono moltissime altre.

Questo vivere immersi nelle incertezze fa molto male alla salute.

La sensazione è che, a livello legislativo, talora decidiamo quasi tutto in ritardo, oppure prendiamo decisioni drastiche, immediatamente esecutive, senza dar tempo alle persone di abituarsi alle nuove norme. Questo non per cattiveria o sadismo, ma solo perché se non si cambiano le regole da un giorno all'altro, crolla il mondo ed allora scarichiamo addosso ai cittadini le conseguenze delle nuove leggi.

Tornando sul tema previdenziale, ad esempio, non era meglio muoversi prima e dare applicazione graduale ai cambiamenti? Possibile, di fatto, portare avanti di dieci anni in un sol colpo l'età della quiescenza? È di un'evidenza fuori misura la non sostenibilità del calcolo retributivo, ma possibile non averci pensato prima e fare le cose con gradualità? Se poi il cittadino si disamora della cosa pubblica e non va nemmeno più a votare, qualche motivo ce l'avrà! Sentirsi trascurati, fa venire il nervoso.

Tutti noi facciamo progetti sul nostro futuro e vederseli scippati da un giorno all'altro, oltre a non essere giusto, è proprio sbagliato e ricco di conseguenze negative. Evitabili, se la nostra classe politica non vivesse alla giornata, e fosse in grado di prevenire i fenomeni, anziché rincorrerli.

La conoscenza "mordi e fuggi"

Un ateniese di qualche tempo fa, di nome Socrate, come ampiamente noto, era solito affermare "So di non sapere".

Ora, non avendolo affermato per modestia (sarebbe stato solo ridicolo), ed essendo una persona estremamente colta, sarà il caso di domandarci come mai diceva così.

I motivi sono molti: innanzitutto solo chi ammette la propria ignoranza può mettersi alla ricerca della verità; pertanto, solo l'ignorante è veramente saggio.

Per questo motivo secondo Socrate, maestro di Platone, è necessaria, nell'indagine dei fatti, una prima fase 'distruttiva', in cui si demoliscono le credenze superficiali dell'interlocutore, prima che dalla sua interiorità e dalla sua ragione possano scaturire verità più profonde.

Secondo Socrate, inoltre, chi afferma di essere un sapiente molto spesso non sa in realtà quasi nulla. Lui se ne rese conto quando l'amico Cherefonte, di ritorno da Delfi, gli disse che l'oracolo l'aveva scelto come l'uomo più sapiente. Socrate, in realtà, era convinto di non sapere, ma dopo vari colloqui si rese conto che i cosiddetti sapienti erano in realtà dai falsi sapienti, sicuri delle loro certezze ma incapaci di stabilirne i fondamenti; e che lui, ignorante, era invece più sapiente di loro, perché almeno sapeva di non sapere.

La realtà, qualunque realtà, è veramente complessa. Nulla è semplice o facile. Tutto è molto complesso.

Il rischio delle semplificazioni è dietro l'angolo.

Le semplificazioni hanno il loro fascino. Ma sono pericolosissime.

Dato che la più grossa semplificazione degli ultimi vent'anni la abbiamo a portata di mano, tanto vale affrontarla, dedicandole un paragrafo: è la questione migratoria.

<u>La questione migratoria</u>

Correva l'anno 1970. Avevo 20 anni e studiavo per vedere di superare un esame all'Università. L'esame era Demografia. Devo dire, molto interessante. In uno dei libri per l'esame, c'era scritto (lo ricordo benissimo, nonostante la memoria sia il mio "tallone d'Achille") perché mi aveva colpito: c'era scritto con una chiarezza disarmante che, di lì ad una trentina d'anni, le popolazioni dell'Africa sarebbero state costrette ad emigrare, per una necessità banalmente demografica. C'era anche scritto che avrebbero fatto di tutto per raggiungere l'Italia, non perché il nostro Paese fosse per gli Africani particolarmente attraente, solo perché è il più vicino da raggiungere via mare, essendo la nostra amata penisola protesa nel Mediterraneo, verso il Continente Africano, come una Portaerei.

Ricordo di aver pensato "Come ce la caveremo?"

Ma mai e poi mai mi sarei aspettato che la soluzione fosse chiudere i porti e fornire cibo umano ai pesci.

Oltretutto era (ed è) di un'evidenza sconcertante che l'Italia sarebbe stata solo una tappa del loro viaggio: la prima tappa, per poi dirigersi verso altri Paesi, raggiungibili attraverso la terra ferma ed economicamente più dotati di noi.

Diciamo, quindi, che 50 anni fa si sapeva benissimo sarebbe successo, perché le migrazioni sono fatti prevedibili, quanto inarrestabili. Avete presente i cosiddetti vasi comunicanti dentro ad un tubo, piegato ad U? Avete mai pensato di poter impedire che l'acqua, entrata da una parte del tubo, potesse essere fermata se dall'altra parte del tubo c'era aria vuota? Mi auguro di no, perché è impossibile.

Eppure, negli scorsi anni, è stata questa la risposta del nostro Paese al fenomeno migratorio: abbiamo chiuso i porti, facendo, ovviamente, finire in fondo al mare migliaia di migranti, uomini, vecchi, donne e bambini.

Poi, abbiamo provato a distinguerli in due categorie: i migranti economici ed i migranti per guerre da cui fuggivano, inventandoci una distinzione, totalmente assurda, tra chi moriva di fame e chi moriva per le bombe, dichiarandoci eventualmente disponibili ad accogliere i secondi solo per motivi umanitari.

Roba dell'altro mondo.

Come se non esistessero motivi umanitari per accogliere chi muore di fame.

Ne stiamo ragionando, ora, perché stavamo affrontando il tema delle semplificazioni.

Questa appena descritta, la chiusura dei porti, è stata la più grande semplificazione del recente periodo storico.

Abbiamo affrontato un problema complesso, come questo migratorio, attraverso strategie semplici (la chiusura dei porti).

La scelta di chiudere i porti, quale soluzione al problema migratorio, è venuta al semplificazionista Matteo Salvini, segretario (mentre scrivo) del più votato partito politico italiano. E con questa mossa ha aumentato a dismisura i propri voti.

Forse, varrebbe anche la pena riflettere bene sull'accaduto.

La nascita della Lega parte da lontano e s'innesta sul processo del cambiamento sociale di cui stiamo parlando.

Innanzitutto, nasce come Lega Nord agli inizi del 1990, fenomeno politico del Nord Italia. Le storiche e mai risolte differenze tra Nord e Sud sono alla base dell'esordio.

Tutta la parte d'Italia a sud del Po' era vissuta come un peso, come una zavorra di cui liberarsi quanto prima, fino ad arrivare, provocatoriamente, ad ipotizzare addirittura un muro divisorio da ovest ad est. Il reddito del Nord era triplo rispetto a quello del Sud: i "nordisti" si erano stufati di foraggiare il Sud "parassita" con le loro tasse ("Cassa per il Mezzogiorno" compresa).

Fu, quindi, il malcontento a dare vita alla Lega Nord.

Lo slogan "Roma Ladrona" campeggiava in ogni comizio ed in ogni raduno, Pontida in primis.

Non riuscendo nell'intento secessionista, trovarono più semplice togliere una parola al nome del Partito, trasformatosi in Lega, tout court. Oltretutto, per fare le Leggi è necessario sedere in Parlamento e, magari, essere anche in tanti, tra Deputati e Senatori. Con i soli voti del Nord, non si va da nessuna parte. Schierati con il Centro Destra, sono diventati quel che sono, aggiudicandosi persino il Ministero più delicato, quello degli Interni. Il Ministero che regola i comportamenti degli italiani.

Ma, come sempre, le cose non accadono a caso: la Questione Meridionale non è mai stata risolta nel nostro Paese ed il malcontento del popolo del Nord non è mai stato gestito decentemente dai partiti di sinistra.

Da questo punto di vista, le regioni del nord hanno subìto una fascinazione più che comprensibile per la Lega, divenuta sempre più forte elettoralmente e le regioni del sud non sono state in grado di ricordare il tempo in cui la Lega si chiamava Lega Nord e, abituati come sono da decenni ad adattarsi pur di "stare a galla", l'hanno riempita anche loro di voti.

Gli altri elementi del cambiamento sociale, cioè il crescente individualismo, l'orgoglio di essere menefreghisti, l'abbandono dei Valori quale la solidarietà, i semplificazionismi dilaganti, hanno fatto il resto.

Un quadro deprimente, la cui responsabilità ricade in gran parte su chi, da Tangentopoli in poi, soprattutto a Sinistra, anziché essere Statista e pensare al futuro delle prossime generazioni, ha trascurato la gente, sempre più abbandonata dalla politica e sempre più distante da essa.

Una responsabilità pesantissima.

Gli psicologi dicono che la consapevolezza è indispensabile per il cambiamento.

O si è consapevoli di questa responsabilità, o non si va da nessuna parte.

"Quello che non ho" è un Paese vivo, attento, sveglio, partecipante e propositivo.

"Quello che potrei riavere" è nelle nostre mani: nelle mani di chi non si arrende.

Giustizialismo: Manette per tutti

Un altro tema dove le semplificazioni l'han fatta da padrone, è quello della Giustizia.

Bisogna necessariamente partire dall'articolo 27 della Costituzione Italiana: "La responsabilità penale è personale. L'imputato non è considerato colpevole sino alla condanna definitiva. Le pene non possono consistere in trattamenti contrari al senso di umanità e devono tendere alla rieducazione del condannato".

La capienza regolamentare delle nostre carceri è di circa 40mila posti: noi viaggiamo intorno ai 60mila detenuti da decenni.

Si chiama sovraffollamento.

Nelle nostre carceri non c'è solo sovraffollamento, ma anche disumanità, tant'è che la CEDU (Corte Europea dei Diritti dell'Uomo) periodicamente ci multa. E parlare di rieducazione del condannato, non è proprio il caso. La stragrande maggioranza dei nostri detenuti non fa assolutamente nulla dalla mattina alla sera chiuso in cella.

Ogni anno, il nostro Paese spende circa 50 milioni di Euro per risarcire quei rari coraggiosi detenuti che hanno il coraggio di denunciarlo. Gli altri, accettano la disumanizzazione e l'assenza della rieducazione.

Sarà il caso di fermarci a riflettere, ovviamente sia sui condannati, e sia sulle vittime.

Il nostro è il Paese più garantista del mondo: tre gradi di giudizio (Primo Grado, Appello e Cassazione) e, al di là di errori giudiziari inevitabili, non essendo infallibili neppure i Giudici come nessun altro essere umano lo è, dal punto di vista delle modalità di giudizio, non siamo messi male. Anche se, va detto, il Sistema è molto classista perché i benestanti hanno maggiori possibilità di difendersi della povera gente: alla povera gente viene garantito il cosiddetto Difensore d'Ufficio (il primo avvocato transitante dalle Aule Giudiziarie), il quale, prima della decisione si alza in piedi e dichiara: "Mi rimetto alla clemenza della corte". Tutto qua.

Ma non è della condanna e dell'eventuale pena quello di cui stiamo parlando: la condanna è sacrosanta, quando si fanno dei reati e siamo giudicati colpevoli. Ci mancherebbe altro: se saltasse questo sacrosanto principio, torneremo in un attimo nel Far West e ci faremmo giustizia da soli.

Ma un conto è la condanna, un altro conto è la modalità di esecuzione di una condanna: la carcerazione dovrebbe essere l'ultima delle modalità di esecuzione di una condanna, non la prima.

Per capire di cosa stiamo parlando, dobbiamo andare indietro di 45 anni e precisamente nel luglio dell'anno 1975, quando venne promulgata la Legge 354 di Riforma Penitenziaria. In essa, tuttora in vigore, si dava vita ad un principio estremamente preciso ed innovativo: il trattamento individualizzato del detenuto. Mentre fino alla condanna il principio, scritto in tutte le aule dei tribunali, suonava e suona così: "La Legge è uguale per tutti", a condanna comminata veniva ribaltato il principio, nella fase esecutiva della stessa: ad ogni singolo condannato, una modalità differente di pena.

Dalla massificazione dei trattamenti, alla personalizzazione degli stessi: un cambiamento fondamentale ed estremamente efficace nella modifica dei comportamenti delle persone.

Tenere chiusi in cella i condannati a non far niente, non fa cambiare le persone, se non in peggio, cioè più delinquenti di prima, al termine della detenzione.

E tutte le condanne hanno un termine.

Basti sapere i dati della Recidiva, cioè della probabilità di ricommettere reati a pena scontata.

Dati forniti dal D.A.P. (Dipartimento Amministrazione Penitenziaria): il 75% di chi è stato tutto il tempo della condanna chiuso in cella a non far niente, torna a delinquere nei 5 anni successivi alla scarcerazione. La stessa percentuale di recidiva crolla al 25% tra chi ha avuto accesso alle Misure Alternative alla detenzione, introdotte dalla Legge 354 di cui sopra. Una differenza non da poco.

Le Misure Alternative alla Detenzione sono una modalità di esecuzione di una condanna differenti dallo star chiusi in cella a non far niente.

Oggi, sono concesse con il contagocce e più dei tre quarti dei condannati italiani sta chiuso in cella. È questo uno dei motivi, tra l'altro, del sovraffollamento.

Essere in Misura Alternativa alla detenzione non significa essere liberi, semplicemente perché per alcune ore del giorno si sta fuori dalle celle: si è detenuti a tutti gli effetti, con regole rigidissime da rispettare e con controlli severi a tutti le ore dalle Forze dell'Ordine. Il non rispetto di una sola regola, fa scattare l'immediata revoca della misura alternativa e nuovo processo, che rinvia il fine pena.

Ma i detenuti in regime alternativo sembrano, a chi non sa le cose, liberi.

Perché camminano al nostro fianco, ma non hanno un cartello attaccato al collo con scritto: *"Sono un detenuto in Affidamento fuori dal carcere e stasera rientro"*.

Ed allora scattano le semplificazioni degli ignoranti (nel senso etimologico del termine "Coloro che ignorano, cioè non sanno"): *"Mi ha svaligiato la casa, è stato scoperto, processato e condannato, e adesso è libero e non è in galera"*.

La responsabilità della dilagante ignoranza (sempre in senso etimologico, ci mancherebbe!) è del Ministero della

Giustizia: raccoglie da 45 anni dati mensili da ogni penitenziario e poi non li fa conoscere alla gente: c'è un Servizio di Statistica da far invidia a qualunque Istituzione Pubblica e poi i dati se li tiene per sé. Incredibile, ma è così.

Facciamoci una domanda, arrivati a questo punto: preferiamo che chi ha fatto un reato a fine pena sia scarcerato e nel 75% dei casi rifaccia un altro reato oppure preferiamo che a rifare un altro reato sia il 25%?

Personalmente, preferisco la seconda. E non per "buonismo", ma per sano (mio) egoismo: meno probabilità di furto reiterato ho, e più sono contento.

Non tutti i Paesi d'Europa sono così semplificazionisti come il nostro: Francia, Germania e Regno Unito ha percentuali capovolte tra detenzione in cella e detenzione in regime alternativo: solo il 25% è chiuso in cella a non far niente. Il 75% è in Affidamento.

Accenniamo ora ad un'altra grossa semplificazione, e cioè all'abolizione della prescrizione dei (presunti) reati: partendo dallo scandalo d'uso imperante da parte di inquisiti benestanti e dei loro Legali, i semplificazionisti hanno ritenuto il problema di facile soluzione, abolendo l'istituto della prescrizione, senza aver prima agito sui tempi di durata dei processi.

L'istituto della prescrizione, vigente sino allo scorso 31 dicembre, aveva come scopo di evitare di tenere sulla graticola del giudizio magari per vent'anni l'inquisito di turno. Una norma sacrosanta, peraltro garantita dalla nostra Costituzione, intersecantesi con la questione della durata dei processi: se entro un periodo ragionevole lo Stato non arriva a dichiararmi in modo definitivo innocente o colpevole, il (presunto) reato si estingue.

Era, quindi, indispensabile intervenire prima sulla durata dei processi e dopo, solo dopo, abolire la prescrizione.

E' stato fatto il contrario. Un errore imperdonabile.

Molte persone, negli ultimi anni, in buona fede, sono finite nella rete dei semplificazionisti: stufi dell'immobilismo dei partiti storici, hanno creduto fosse possibile modificare l'organizzazione sociale, semplificando i problemi ed adottando soluzioni legislative immediate.

La Legge per far bene le cose l'abbiamo. Basterebbe applicarla.

La scuola

Avviandoci alla conclusione, non possiamo non affrontare anche la questione scuola.

La scuola è fatta da insegnanti e studenti: i primi sono sempre più anziani, ostaggio della famosa Legge Fornero.

I secondi sono spesso più gradassi, spavaldi ed oppositivi alle regole didattiche ed educative.

Non che non esistano insegnanti bravi, coscienziosi e pieni di impegno e buona volontà, ma sono la minoranza.

E non che non esistano studenti in gamba, volenterosi di apprendere e di crescere, rispettosi delle regole scolastiche, ma sono la minoranza.

Quando la scuola funzionava, si respirava un'aria di apprendimento costante, gli studenti partecipavano, magari (fortunatamente) in modo critico e contribuivano a costruire cambiamenti epocali.

L'apertura alla partecipazione dei genitori degli studenti aveva dato un grosso impulso alle nuove metodologie didattiche ed un salto di qualità nella scuola di grande valore.

Oggi il quadro è notevolmente cambiato: tra gli insegnanti c'è molta demotivazione e l'aggiornamento è diventato un'araba fenice. Vivono quotidianamente situazioni difficilissime da affrontare, dal punto di vista didattico e psicologico. Sono presi tra più fuochi: il primo fuoco è rappresentato sicuramente dagli studenti; il secondo dai genitori degli stessi e l'ultimo fuoco è quello dei dirigenti scolastici.

Gli Istituti scolastici sono diventati autonomi ed hanno necessità di "stare sul mercato", cioè di essere scelti, pena la chiusura. Infatti si fanno pure pubblicità. Ma oltre ad attirare studenti/clienti, sono costretti pure a non generare conflitti con i genitori degli stessi, allo scopo di non indurli a cambiare Istituto. In buona sostanza, a schierarsi con i genitori, in caso di conflitti. E gli insegnanti si sentono soli.

In passato, ciò accadeva meno ed il Dirigente/Preside era un insegnante coordinatore super partes. Oggi, non più.

Molti genitori utilizzano i Ricorsi al TAR (Tribunale Amministrativo Regionale) come una clava, confutando decisioni didattiche. E spesso vincono pure i Ricorsi.

Una situazione decisamente pesante e difficile da modificare.

Molti studenti, in tale quadro, hanno difficoltà a riconoscere un ruolo agli insegnanti (oltretutto sottopagati) e manifestano talora comportamenti al limite del codice penale, generando anche paura tra di loro.

Trent'anni fa gli insegnanti usufruivano di Corsi di aggiornamento, dove venivano affrontate le criticità del loro lavoro. Oggi, nulla più. E la solitudine aumenta.

L'annosa questione tra mission didattica e mission educativa non è mai stata risolta. Ognuno tira l'acqua al suo mulino, come se fosse possibile dividere la dimensione didattica dalla dimensione educativa: insegnare è educare, e non potrebbe essere altrimenti.

L'aggiornamento, per gli insegnanti (come per molte altre professioni, per non dire tutte) è a dir poco essenziale.

Non tanto sul piano didattico (La Divina Commedia non cambia col passare del tempo), quanto sul piano psicologico: avere un luogo dove portare le proprie difficoltà quotidiane, anche di relazione con gli studenti, con i loro genitori, con i dirigenti scolastici, equivale all'ossigeno per ogni essere umano. Un aggiornamento pregno di supervisione di casi e situazioni critiche riduce le tensioni, tranquillizza, indica strade da percorrere, accompagna e riduce il senso di solitudine. Non è un "lusso" di cui si può fare a meno. Ed oggi ne stiamo facendo a meno, purtroppo.

È fondamentale e va assolutamente quanto prima ripristinato.

I segnali del cambiamento

Quando scrivo delle cose, ho l'abitudine di mandare a mio fratello le bozze in itinere, per avere un suo parere, e sapere se secondo lui lo scritto sta in piedi, oppure no. L'ho fatto anche questa volta, ma solo la parte in cui descrivo "Quello che non ho": la parte relativa a come uscire dalla situazione discretamente brutta, non era ancora nero su bianco e, quindi, non potevo mandargliela. Mi ha risposto: "Condivido il tuo scritto. Voglio vedere ora come te la cavi a scrivere come uscire dalla situazione".

Aveva ragione a dire così: è più facile descrivere le magagne, piuttosto delle possibili soluzioni. Le magagne le abbiamo a portata di mano, se abbiamo voglia di vederle, di descriverle, di rifletterci. Sono il presente, magari con qualche radice nel passato, ma sono nel presente. Le soluzioni possibili sono nel futuro, vanno immaginate, ipotizzate, scovate: l'impresa è più ardua.

E poi, le possibili soluzioni si nutrono di speranza e se c'è una cosa che c'è calata negli ultimi tempi è proprio la speranza. Ridurci la speranza è una strategia voluta da chi ha interesse a mantenere lo status quo. E molti di noi, secondo me, ci sono cascati. Purtroppo.

È rimasto solo Papa Francesco ad invitarci alla speranza. Allora, rimbocchiamoci le maniche e guardiamoci intorno, per vedere se scoviamo qualche fermento di novità.

Il movimento delle sardine, mentre scrivo, è un elemento di speranza.

Perché proprio le sardine?

Prima di tutto, perché, a quel che sembra, sono trasversali ai partiti politici, non sono né di destra, né di sinistra. Non sono nate per decreto legge, ma spontaneamente. Sono corteggiate da vecchi partiti, ma non sembrano concedersi a nessuno. Non intendono trasformarsi in un'organizzazione partitica istituzionale e tantomeno partecipare ad elezioni: s'incontrano nelle piazze e non hanno una sede. Hanno scelto di uscire dalle loro confortevoli mura domestiche solo quando, nelle piazze, vogliono vedersi, incontrarsi e farsi vedere. Quando non scendono in piazza, non si sa dove sono. Sono tante, tantissime ed entrano a gamba tesa sui principali problemi sociali aperti.

Usano un sistema di esistenza del tutto nuovo, con modelli diversi dal passato.

Sono guardate con diffidenza dagli attuali detentori del potere. E questo, di per sé, è un grande merito, nella misura in cui sono i detentori del potere ad essere responsabili a tutto tondo delle magagne in essere. Essere guardate con diffidenza è un indice da non sottovalutare, ma da decodificare con attenzione. È un grande valore aggiunto.

Usano un linguaggio equilibrato, senza iperboli: non usano strategie comunicative studiate a tavolino per colpire.

Odiano la violenza.

Dicono moltissimo, ma con garbo.

Non hanno uno statuto, nessun regolamento. Sono, fino ad oggi, meravigliosamente libere, come, appunto, le sardine nel mare: speriamo solo nessuno stenda reti per catturarle.

Mi sembra siano proprio il nuovo.

Ed allora, dobbiamo puntare su di loro, con fiducia, con speranza, con ottimismo.

I cambiamenti sociali avvengono così: partono spontaneamente, dal basso, in mezzo a diffidenze e, talora, ostilità. Ma sono talora inarrestabili.

In Psicologia si è soliti dire a chi sta attraversando un periodo depressivo: "Bisogna arrivare in fondo ad un pozzo, per poter risalire".

Non so se nel nostro Paese siamo arrivati in fondo al pozzo. Me lo auguro.

Ma non sono solo le Sardine ad offrirci qualche speranza di cambiamento: sono molte altre persone.

Intorno a noi, si percepisce questa diffusa insoddisfazione per come si sono messe le cose. Molte persone non sono ancora scese in piazza a manifestare, ma il malcontento è sempre più diffuso. Come, dopo un lungo sonno, ci si comincia a svegliare senza esserlo ancora del tutto, ma il nostro cervello comincia a pensare in modo attivo a cosa fare. Si chiamano "progetti". Sono intenzioni, piccole o grandi.

Queste (molte) persone rappresentano una possibilità di cambiamento. Non accorgersi della loro esistenza e potenzialità sarebbe imperdonabile.

Solo pochi di noi, dopo un lungo sonno, dopo aver messo in moto il cervello ed aver pensato cosa fare, decidono di riaddormentarsi. Di solito, si scende dal letto e si fa un programma e si parte. Chi resta a letto e non decide di giocarsi la giornata (o la vita) è quasi sempre affetto da una psicopatologia con nome e cognome, discretamente problematica: si chiama "Ritiro Sociale".

È curabile, fortunatamente e, come spesso accade, la via d'uscita non è solo nelle medicine o nella psicoterapia, ma soprattutto dentro di noi.

Siamo stati noi a ritirarci socialmente, magari anche indotti, ma abbiamo aderito al ritiro sociale.

E la via d'uscita è anch'essa dentro di noi e nelle nostre mani. Purché ci siano chiari i motivi del ritiro e si sia disponibili a farci invadere dalla possibilità del cambiamento.

E il gioco è fatto.

Questi elementi di novità si cominciano a percepire, sempre più forti e diffusi, nella gente. Uno "stato nascente" (per dirla con Francesco Alberoni) non dalle dimensioni ciclopiche, ma vivo. Forse più facilmente individuabile per chi di mestiere si occupa di queste cose, e maneggia quotidianamente esseri umani, ma chiaro e nitido.

È una risorsa da non sprecare. Cerchiamo di non sprecarla.

E non è ottimismo.

Quando ero nei Boy Scout, c'era con noi un ragazzo inglese, di nome John, timido, riservato, alquanto triste ed una sera, attorno al fuoco, durante un Campo, mentre parlavamo a ruota libera seduti in cerchio dei fatti intorno a noi, e qualcuno di noi invitò i compagni a non vedere solo le magagne, ma anche le possibilità di cambiamento, gelò tutti quanti dicendo, con accento inglese e sbagliando alcuni accenti : "Il tuo è ottimismo crètino (con l'accento sulla e, come avrebbero detto Stanlio ed Ollio), che rasenta bùgia (con l'accento sulla u)". Sono   passati 55 anni e lo ricordo benissimo. John confondeva la speranza con l'ottimismo. Ma aveva 15 anni ed anche qualche disavventura familiare.

La speranza è il motore del cambiamento e la benzina sono i piccoli segnali.

Qualche piccolo segnale, mentre scrivo, si vede.

Mentre sto scrivendo, si sente sempre più insistentemente in televisione e si legge sui giornali il nome di una Città della Cina: WUHAN.

Un nome personalmente mai sentito prima di allora, nonostante sia una megalopoli modernissima e piena di grattacieli avveniristici. C'è un virus terribile che sta facendo un *mucchio di* vittime. Wuhan è un focolaio.

Da lì a poco, al virus viene dato il nome di Covid 19 ed in pochissimo tempo l'Epidemia si trasforma in Pandemia, interessando tutto il Vecchio Continente e tutto quanto il Pianeta.

L'Italia si ferma: come si fermano progressivamente tutti i Paesi europei ed il Mondo intero.

Siamo tutti dentro ad una situazione irreale. In buona sostanza non si può più fare niente: chiusi in casa, stop al lavoro ed alla vita sociale. Si ascoltano con terrore dieci telegiornali al giorno, dove vengono sciorinati dati da far accapponare la pelle. Infettati in crescita, ricoverati in terapie intensive in crescita, morti in crescita. Si sta con il fiato (e con la vita) in sospeso.

E non si riesce neppure a capire come evolverà la situazione. Si comincia a parlare di Terza Guerra Mondiale.

Un'esperienza forte che, di colpo, ribalta modi di pensare, abitudini di vita e prospettive.

Può sembrare curioso parlare della Pandemia a questo punto dello scritto. In realtà non lo è per niente. Ricordiamoci il sottotitolo del presente lavoro: il Cambiamento Sociale in Italia. Lo strano Virus ha inciso profondamente dal punto di vista del cambiamento sociale.

Innanzitutto, abbiamo perso la libertà di fare. Di fare qualunque cosa. Compresa la più banale: che so … andare al bar a prendere un caffè. O a casa di un amico a far due chiacchiere. O dal gommista a sostituire i pneumatici invernali con quelli estivi. Tutto, ma proprio tutto, rimandato. Tutti chiusi in casa.

Pensavamo fosse necessario un colpo di stato con la salita al potere di un dittatore a poterci togliere la libertà acquisita. Nulla di tutto questo. È bastato un virus, peraltro come tutti i virus, invisibile per metterci da un giorno all'altro davanti ad una realtà inconfutabile: nulla è acquisibile o acquisito una volta per tutte. Ogni cosa c'è, finché non viene meno.

Abbiamo scoperto, da un giorno all'altro, che nessuno di noi è un elemento a sé stante: ognuno di noi, dipende dall'altro. Questo perché in una situazione pandemica, conta poco o nulla il comportamento del singolo. Conta il comportamento di tutti: se io mi metto la mascherina ed i guanti monouso, se io mi lavo le mani dieci volte al giorno, se io starnutisco nella piega del gomito, ma tutte queste cose non la fanno anche gli altri, non serve assolutamente a niente il mio ligio comportamento. "Siamo sulla stessa barca", viene detto. Ognuno di noi pensava di avere una barca propria. Non è per niente così. La barca è comune. Decisamente un'acquisizione di consapevolezza, a parere di chi scrive, a dir poco imbarazzante.

Abbiamo scoperto che il mondo vegetale non viene colpito dai virus: nella strana primavera dell'anno 2020, gli alberi da frutto hanno messo le gemme, hanno fatto i fiori e, ne siamo certi, faranno pure i frutti. Come tutti gli altri anni.

Abbiamo scoperto che il nostro Pianeta è abitato da moltissime altre specie di animali, oltre all'uomo. Si sono progressivamente ripresi i loro spazi. Ed hanno iniziato ad avvinarsi, nei giardini, nei parchi, nelle strade urbane e perfino nelle autostrade non più trafficate. Dapprima timorosi, poi, via via più fiduciosi. Si sono stabilite relazioni uomo/animali, precedentemente solo appannaggio di cani e gatti o, come si dice in gergo, animali domestici.

Abbiamo scoperto che molte attività professionali, molti lavori, possono essere svolti da casa, senza spostarci. È nato lo "smart working", di cui avevamo sentito parlare, ma mai praticato da molti di noi. Con un uso delle tecnologie, internet su tutte, impensabili.

Abbiamo scoperto che Greta Thumberg, pur con la sua inquietante modalità espressiva, aveva proprio ragione. Il nostro povero pianeta è veramente malato e dobbiamo assolutamente occuparcene, o faremo una brutta fine, peggio del Covid. La forzata inattività ha ridotto drasticamente l'inquinamento delle città, i cieli sono diventati più puliti e le stelle, la notte, molto più visibili. Se prima parlavamo di barche, della stessa barca su cui tutti ci troviamo, il pianeta Terra è la nostra Arca di Noè: meglio salirci sopra, di corsa.

Abbiamo scoperto che il razzismo è una cosa idiota perché se la barca è la stessa, o si sale tutti o se si decide chi far salire e chi no, farà una brutta fine sia chi non è salito, come quelli sulla barca. Inevitabilmente.

Pensavamo di essere forti, potenti, praticamente invincibili. Poi, è bastato un'invisibile virus, delle dimensioni di 100nm (1nm è un miliardesimo di metro, cioè 0,000000001 metro, cioè 10 alla meno 9 metri: 600 volte più piccolo del diametro di un capello umano, per capirci) ovviamente invisibile, per piegarci tutti quanti.

I rapporti di forza sono stati in un attimo ribaltati. Il piccolissimo Davide ha messo in scacco il gigante Golia. Inevitabile, qui, farsi venire in mente le cosiddette Super Potenze: nessuna super potenza è stata scansata dal virus. Anzi, gli Stati Uniti hanno purtroppo ottenuto il primato mondiale di decessi, nonostante le amene dichiarazioni del Presidente Donald Trump, il quale invitava gli americani a bere la candeggina per combattere la pandemia.

Ora, mentre scrivo, siamo a maggio del duemilaventi e non sappiamo cosa ci aspetta. Non sappiamo quando verrà scoperta una terapia farmacologica efficace e non sappiamo neppure se e quando vedrà la luce un valido vaccino. Una situazione veramente spiacevole. Ci auguriamo finisca prima possibile.

Però, se siamo usciti dalle due precedenti guerre mondiali, perché mai non dovremmo uscire anche da questa "Terza Guerra Mondiale"?

Certo, ne usciremo!

Possibilmente facendo tesoro degli insegnamenti di questa orrenda pandemia, la quale ha dato a tutti noi tante cose brutte, primi fra tutti gli innumerevoli lutti, ma anche cose buone su cui riflettere collettivamente: un cambiamento sociale possibile, purché lo vogliamo.

La partita è tutta da giocare ed è nelle nostre mani: "Quel che potrei riavere" sta qua dentro. Proporrei di darci da fare e non sprecare l'occasione.

Conclusioni

C'era una volta, nel nostro Paese, la sensibilità.

La Treccani, la definisce così: "Capacità, attitudine a ricevere impressioni attraverso i sensi. In particolare, in psicologia, la facoltà di un essere vivente di conoscere per mezzo dei sensi e di provare il piacere o il dolore accompagnanti le sensazioni."

E' una buona definizione, a parere di chi scrive.

Negli Anni '60 avevamo i sensi attivi e veniva naturale provare piacere quando riuscivamo a farc le cose. Quando uscivamo di casa e chiedevamo, tutti assieme, i cambiamenti. E quando li ottenevamo.

Poi, poco alla volta, ma inesorabilmente, abbiamo smesso di usarc la sensibilità, abbiamo perso le speranze nel cambiamento, ci siamo fermati.

E abbiamo dato vita agli egoismi, ai negazionismi, ai semplificazionismi.

E siamo scesi in fondo al pozzo di cui si è parlato.

Ora, stiamo riaprendo gli occhi: potremmo non essere più disposti ad accettare il colore grigio della nostra società e potremmo cominciare ad intravvedere l'arcobaleno con i suoi mille colori. Sta solo a noi.

Non mi sembra il caso di ringraziare Covid 19. Ne avremmo fatto volentieri a meno.

Però, è venuto a trovarci e ci ha messi tutti quanti davanti alle nostre responsabilità.

Rimbocchiamoci le maniche e torniamo protagonisti della nostra vita.

L'autore

Roberto Sbrana, classe 1950, si appassiona alla Sociologia, laureandosi a Pisa nel '74.
Inizia a lavorare in qualità di Assistente del Prof. Silvano Burgalassi all'Università Cattolica di Milano ed al C.I.M. (Centro Igiene Mentale – Amministrazione Provinciale della Spezia) nato dall'applicazione della Legge Basaglia sull'abolizione dei Manicomi.
E' qui che si innamora dell'altra disciplina della sua vita, laureandosi quindi anche in Psicologia all'Università di Padova.
Nel 1980 nascono le U.S.L. e si trasferisce a Sarzana (Sp).
Negli stessi anni viene eletto nel Consiglio Comunale di Sarzana.

Quando viene promulgata la Legge 56 del 1989, istitutiva della professione di Psicologo e di Psicoterapeuta, viene eletto nel Primo Consiglio Regionale dell'Ordine degli Psicologi Liguri a Genova. Svolge attività sindacale in qualità di Segretario Provinciale dell'A.U.P.I., primo sindacato di categoria degli psicologi, firmatario del Contratto nazionale della Sanità.

Consulente del Ministero della Giustizia presso la Corte di Appello di Genova, in applicazione della Legge 354/75 (Ordinamento Penitenziario) opera presso la Casa di Reclusione di Massa e la Casa Circondariale della Spezia. Lavora presso il S.E.R.T. di Sarzana (Servizio Tossicodipendenze ASL 5 Spezzino) e dà vita al primo Servizio Tossicodipendenze interno al Carcere della Spezia, di cui è Direttore Responsabile, sino al pensionamento, avvenuto nel maggio 2008.

Docente a contratto di Psicologia della Devianza e di Psicologia di Comunità, Organizzazione e Territorio presso l'Università degli Studi di Genova, attualmente è titolare del Laboratorio sul Ruolo dello Psicologo in Carcere presso la stessa facoltà.
Consulente Civile e Penale presso il Tribunale di La Spezia, esercita la Libera Professione come Psicoterapeuta ad Orientamento Psicodinamico.

Autore di diversi libri sulla marginalità come "Mettere in galera e buttare via le chiavi" (2014), "Mi chiamo Giuseppe, ma non sono il Santo" (2015), "I rei folli cambiano casa: dagli O.P.G. alle R.E.M.S." (2016), "Stranieri in carcere e proselitismo, una ricerca qualitativa" (2018), "Ricominciamo a parlare di droghe" (2018), "Professione Psicologo" (2019).

Ha pubblicato inoltre un romanzo "Giacomo" (2019) e un racconto retrospettivo "Erano gli anni 60 e noi c'eravamo: gli H2 SO4" (2012).

Appassionato di Musica è stato fondatore del Gruppo "H2 SO4" come chitarrista e cantante.

EmmeEmmePo Edizioni